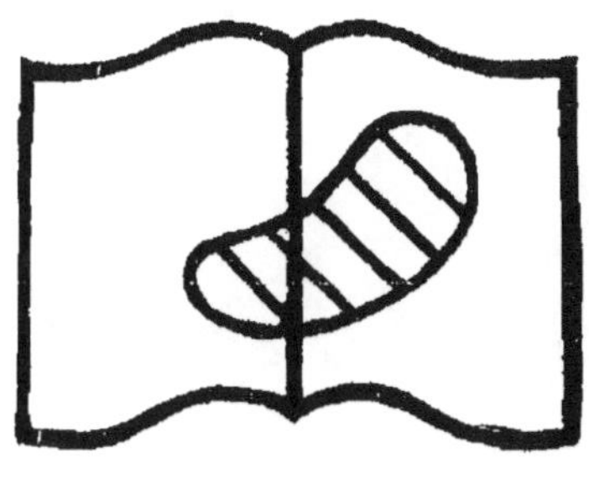

Illisibilité partielle

VALABLE POUR TOUT OU PARTIE DU
DOCUMENT REPRODUIT

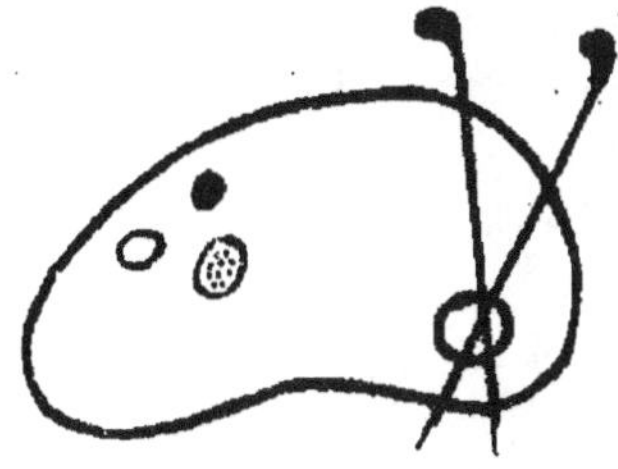

Couvertures supérieure et inférieure
en couleur

MAXIMES

FONDAMENTALES

DU GOUVERNEMENT FRANÇOIS;

OU

PROFESSION DE FOI NATIONALE,

Renfermant tous les Dogmes essentiels de notre Symbole politique.

Par mr. Moreau historiographe de France

Un État qui ne protége plus ses Loix, n'en est plus protégé.
Voyage du jeune Anacharsis. Tom. II. p. 201.

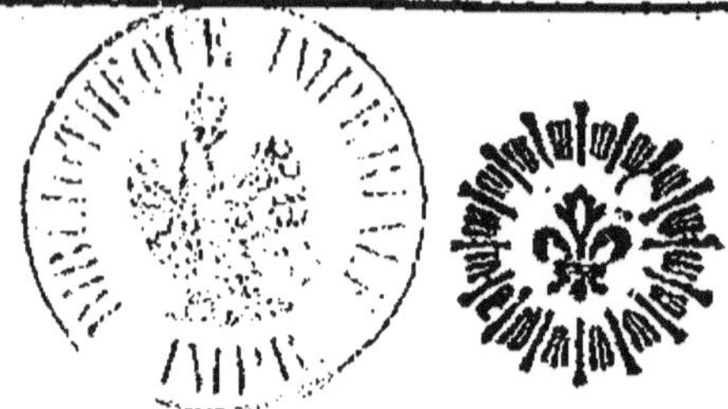

A PARIS,

Chez MOUTARD, Imprimeur-Libraire de la Reine,
rue des Mathurins.

ET A VERSAILLES,

Chez BLAIZOT, Libraire du Roi & de la Reine,
rue Satory. N° 5.

AVERTISSEMENT.

La liberté de penser fait partie de la
liberté de conscience. Ne disons point
que les Rois ne peuvent la gêner sans
injustice ; convenons que, grace à
Dieu, ce genre d'injustice leur est
impossible.

Dans un moment où chacun se flate
de donner au Gouvernement François
la meilleure constitution possible, chacun est libre de se faire son système ;
& cette liberté, Dieu sait jusqu'à quel
point on en a usé.

Mais il est également permis au
» Roi de dire, « J'ai aussi mon système,
» & c'est celui que mes ancêtres m'ont

A

» tranfmis. Je ne perfécuterai perfonne
» pour avoir fur le Gouvernement une
» opinion différente de la mienne.
» Mais, libre dans le choix des agents
» de mon autorité, je ne prendrai ja-
» mais ni pour Magiftrats , ni pour
» Miniftres, ceux qui fur les droits ou
» les devoirs de la Royauté auroient
» une doctrine contradictoire avec la
» mienne ».

Les Anglois, ce Peuple fi libre,
ont leur *Teft*, & quiconque le rejette
ne parvient à rien. Notre Tiers-État
en France propofa en 1614 un for-
mulaire de Doctrine politique; & à
propos d'un livre dont on ne parle plus,
le Clergé quarante ans après trouva
très bon qu'on lui en fit foufcrire un
de Théologie; mais dans tous les tems
il a été trouvé très-raifonnable que
l'Églife eût fes fymboles de religion;

car enfin quiconque ne croit point à
fes myſtères n'en fera jamais le difpen-
fateur, & quiconque nie le pouvoir
paſtoral n'en peut être le Miniſtre.
Comment imaginer qu'en France le
Roi puiſſe, par un titre de miſſion for-
melle, conférer l'exercice de fon pouvoir à un homme qui croiroit que la
Royauté eſt un abus ?

Non, me répondra-t-on fur le champ,
tout le monde croit en France à la
Royauté, mais tout le monde fe demande ce que c'eſt que la Royauté.

J'avoue que cette queſtion même
me paroît auſſi abſurde que déplacée.
Demander aujourd'hui ce que c'eſt
que la Royauté, c'eſt être de mauvaiſe
foi, ou n'avoir pas la premiere tein-
ture de notre hiſtoire. O François, fur
la Monarchie, comme fur la Religion,
n'avons-nous pas tous un catéchiſme

auſſi ancien que la Religion & la Monarchie ?

Hé bien, Miniſtres, Magiſtrats, Gens de Loi, Peuples, la Royauté eſt donc pour vous un myſtère. Vous recherchez ce qu'elle eſt, vous voulez la définir ; vous dites même, comme l'ont dit ſi ſouvent les Paſteurs de l'Égliſe, il nous faut un concile général. Je pourrois vous répondre que ſur toutes les vérités qui doivent nous conduire au Ciel, Dieu a promis à ſon Égliſe l'infaillibilité, & que, lorſque pour rendre les ſociétés heureuſes ſur la terre il leur donna des Gouvernemens, ſa ſageſſe fit mieux pour elles que n'euſſent fait leurs tumultueuſes & interminables délibérations. Au moment où il nous fait naître, il indique à chacun de nous les rapports eſſentiels qui nous lient aux loix de notre

Patrie. Il permit une fois au genre hu-
main de s'affembler , & ce fut pour
convaincre la multitude qu'elle devoit
s'en rapporter à lui. Elle étoit innombrable celle qui s'affembla aux pieds
de la tour de Babel , elle forma de
grands projets, elle fe fépara fans rien
faire, & chaque père de famille emme-
na avec lui la peuplade de fes enfans.

Soit cependant : Rapportons-nous-
en au Concile; auffi bien , jamais peut-
être plus d'abus & de fautes ne l'ont
rendu néceffaire ; mais lorfque l'uni-
verfalité des Évêques s'affembloit ,
elle commençoit par confulter les fymboles connus, & le catéchifme même
n'étoit pas pour elle un livre indigne
de fon attention.

Imitons la fageffe de l'Églife. Le
voici ce *Catéchifme de la Royauté*. Si
vous trouvez mieux, Dieu aura béni

vos efforts. Il aura versé fur vous de grandes lumières. Si vous ne pouvez vous accorder que fur les moyens de fecourir le Gouvernement, & non fur ceux d'en changer l'organifation, remerciez encore fa bonté, & laiffez nous croire ce qu'ont crû nos Pères, ce que nous avons crû nous-mêmes jufqu'aujourd'hui; & qui fait fi la Providence qui fert fi bien les intentions des bons Rois ne vous aura point réunis pour faire aujourd'hui dans l'État, ce que firent toujours les Pafteurs dans l'Églife, non créer de nouveaux dogmes, mais rendre les anciens plus refpectables en écartant d'eux l'alliage des fuperftitions, & le mélange impur des opinions nouvelles.

MAXIMES

FONDAMENTALES

DU GOUVERNEMENT FRANÇOIS;

OU

PROFESSION DE FOI NATIONALE

Renfermant tous les Dogmes essentiels de notre Symbole politique.

ARTICLE PREMIER.

La liberté naturelle de l'homme ne fut jamais l'indépendance de la brute. Destiné à vivre avec ses freres, il eut avec eux des rapports essentiels. Voilà ses droits, voilà ses devoirs réciproques, & sa liberté n'est que le pouvoir que Dieu lui donna d'exercer les uns & de remplir les autres, en usant de toutes les créatures suivant sa destination & la leur. Il n'eut pas été *libre*, s'il

[8]

n'eut été *gouverné* (1). La premiere société
où Dieu le plaça dut donc avoir un chef,
& l'ordre de Dieu même le lui indiqua.

Art. II.

Ce n'eſt donc que dans l'état de ſociété
que l'homme eſt & peut être véritablement
libre ; mais nous n'avons jamais eu le choix
de celle dont Dieu nous a fait membres.
Nous naiſſons citoyens & ſujets comme
nous naiſſons fils de famille. Nous ne con-
tractons point avec la puiſſance qui a protégé nos premieres années ; mais nous
avons avec elle une régle commune que
nous ne nous ſommes point donnée, c'eſt
la juſtice. La baſe de tous les Gouvernemens parmi leſquels il ne faut compter,
ni l'anarchie, ni le deſpotiſme, eſt donc
la morale ; car ſi l'autorité n'eſt pas le

______

(1) L'homme ne ſera jamais libre, ſi ce qu'il a le droit
de faire, chacun a un droit égal de l'en empêcher. La
morale de tout Gouvernement eſt donc poſée ſur deux baſes : ce que Dieu a défendu à tous les hommes, il ne l'a
jamais permis aux Souverains : ce que Dieu a donné à tous
les hommes, aucun Souverain n'a le droit de le leur ôter.

[9]

droit de tout ordonner, la liberté n'eft
pas le droit de tout faire. Voilà ce qu'ont
de commun toutes les conftitutions poli-
tiques. Les formes qui les caractérifent
chacune en particulier doivent être prifes
dans leur hiftoire,

A r t. I I I.

La conftitution Françoife a été dès fon
origine, & dans toute fa durée, une Monarchie pure. Sous nos trois races on a
reconnu pour maxime fondamentale que
le Roi n'avoit d'autre fupérieur que Dieu
même, & que ni les Grands, ni la Nation
ne pouvoient, ni le dépouiller de fon
autorité abfolue (1), ni en fufpendre l'exercice (2).

____

(1) ABSOLUE : fur ce mot, voici ce que dit M. Boffuet.
« Pour rendre ce terme odieux & infupportable, plufieurs
affectent de confondre le Gouvernement abfolu & le Gouvernement arbitraire ; mais il n'y a rien de fi diftingué, ainfi
que nous le ferons voir, lorfque nous parlerons de la juf-
tice ». Polit. tirée de l'Ecrit. Sainte. Liv. 4. Art. I.

L'autorité *d'une République eft elle-même abfolue*, dit un
célébre Jurifconfulte Hollandois dans la Préface qu'il a mife
en tête de la traduction Hollandoife *des devoirs du Prince
réduits à un feul principe.*

(2) On avoit dit fous la premiere race : Dieu feul qui

Art. IV.

Lorſque nous diſons que nos Rois *ne tien-
nent leur pouvoir que de Dieu*, nous ne diſons point une abſurdité ; car nous diſons
la même choſe de toute eſpèce de ſouveraineté ; & nous ne le diſons de toute
puiſſance de gouvernement confiée à
l'homme ſur ſes ſemblables, que parce que
la liberté & le gouvernement ont été deux
bienfaits paralleles que Dieu fit entrer
dans le monde le même jour, & qui par
ſon ordre eurent la même deſtination.

---

juge les juſtices a droit de corriger le Monarque, & c'eſt le
langage que Grégoire de Tours tient à Chilperic. Sous la
ſeconde on avoit dit : le Roi peut juger les Grands dans ſon
plaid, il n'eſt juſticiable que de Dieu, mais le Concile eſt
le plaid de Dieu, & cette erreur fit deſcendre du Trône
Louis le Débonnaire. Sous la troiſieme race où tout fut
regardé comme tenure féodale, on eut pour maxime que le
Roi ne relevoit que de Dieu & de ſon épée. C'eſt toujours
la même idée qui prend la teinte des uſages de chaque ſié-
cle, & emprunte les expreſſions que ces uſages ont amenées.

Art. V.

C'eſt de cette liberté qu'elle doit protéger & garantir, que la ſouveraineté emprunte tous les caractères qui nous la rendent ſacrée. Il n'y a d'inaliénable & d'impreſcriptible que ce que la nature a fait inaliénable & impreſcriptible, & la Souveraineté n'eſt elle même tout cela que parce que le Prince qui voudroit l'aliéner, & le ſujet qui chercheroit à la détruire, attenteroient également à la liberté publique qu'ils laiſſeroient ſans défenſe, & dont ils anéantiroient tous les appuis.

Art. VI.

En France tout ce qui eſt pouvoir deſtiné à gouverner, réſide ſur la tête du Roi ſeul; mais par les loix de la nature, il eſt impoſſible qu'il les exerce tous. Auſſi nous ne diſons point, le Roi peut tout ce qu'il veut, nous diſons, tout pouvoir émane de lui. Au reſte ce pouvoir n'eſt point une force physique, il ~ft autorité, puissance morale, droit de commander qui n'a d'action que parce qu'il suppose le devoir d'obéir. Il est, en un mot, & en derniere analyse, l'action d'une seule volonté sur les volontés de tous.

A R T. V I I.

De-là il résulte que le Monárque tout puissant pour bien faire, feroit toujours foible, s'il vouloit opprimer ; *autorité sans force* voilà le Roi ; *force sans autorité*, voilà la Nation. Telle est la magie du Gouvernement Monarchique. Cette force qui feule peut détruire, est toujours contenüe par la puissance d'un feul qui, précisément parce qu'il est feul, ne peut agir que par des loix & des jugements.

A R T. V I I I.

Cette force publique néanmoins est aussi celle du Roi ; car elle vient, & doit venir à fon fecours ; mais elle n'est point lui ; il faut qu'il l'emprunte, il faut qu'il l'appelle , & pour cela ; 1°. Il a lui-même des formes à remplir ; 2°. Avec ces formes mêmes il ne pourra jamais la faire arriver, jufqu'à lui, lorfque fes volontés feront évidemment deftructrices , & de la liberté qu'il doit protéger , & des propriétés qu'il doit garantir.

Art. IX.

Il n'eft point de pouvoir dans la nature qui ne foit lié à un devoir qui en eft la régle & la mefure. Et dans la Monarchie Fran-çoife, le Roi ne réunit tous les pouvoirs de la Souveraineté, que parce qu'il eft principalement chargé d'en remplir tous les devoirs. Or ces devoirs font de deux efpèces. Il doit, *par des loix générales,* défendre fes fujets contre leur propre li-cence. Il doit *par les armes,* les défendre contre les injuftices & les attaques des peu-ples voifins.

Art. X.

Les deux pouvoirs correfpondants à

ces deux devoirs ont chacun leur caractère propre. Par le premier, le Roi gouverne des sujets auxquels il doit regle, & qui lui doivent obéissance. Il n'a contre eux d'autre force que les loix, d'autres agents que leurs Ministres. Par le second, il repousse des ennemis auxquels il n'a pas droit de commander. La force du Prince est alors dans les armes, & il ne connoit plus de loi que la nécessité de vaincre. Il choisit, il change, il révoque les Chefs de ses troupes. Ce ne sont plus des Magistrats qui acquittent la dette journalière de la Souveraineté; ce sont des mandataires qui, par son ordre & dans des dangers extraordinaires, opposent à l'ennemi la force nationale comme une masse qui doit l'arrêter & le repousser. Leur insubordination envers le Roi qui, sous ce point de vue, n'est plus que le Général d'une nation armée, peut perdre l'État. Leur obéissance doit donc être aveugle & passive.

A r t. X I.

La Constitution Monarchique doit donc

veiller à ce qu'on ne puisse jamais déna-
turer l'usage du pouvoir militaire, en l'em-
ployant contre des Citoyens; car contre
ceux-ci, il ne doit venir qu'à l'appui des
jugements & des loix; mais elle n'a pu ni
lui prescrire des règles, ni l'astreindre à
des formes, car la constitution n'a pour
objet que le gouvernement qui doit être
stable, comme elle, & non la nécessité de
vaincre & d'attaquer, qui peut varier,
comme la licence & les dangers.

Art. XII.

Tous ces droits sont exercés, tous ces
devoirs sont remplis *singulatim & divisim*.
Car, & les individus, & les corps qui com-
posent la société politique, ont, soit entre
eux, soit avec la puissance protectrice, des
rapports certains d'où naissent des droits, &
des devoirs communs. Mais toutes les fois
que l'on envisage la Nation entiere comme
un tout individuel, elle ne peut avoir des
rapports qu'avec les puissances étrangères.
La Nation considérée comme un corps po-

litique ne peut être divisée du Souverain. Il eſt ſon chef, ſon repréſentant, il contracte non avec elle, mais pour elle; non comme un fondé des pouvoirs de ſes commettans, mais comme un père chargé des intérêts de ſa famille, & ne faiſant qu'un tout avec ſes enfans.

Art. XIII.

Les trois pouvoirs qui ſuivant nos loix fondamentales, ſont réunis ſur la tête du Roi, ſont, la puiſſance légiſlative, l'autorité de juriſdiction, le pouvoir d'adminiſtration. Mais dans tous les actes émanés de ces trois pouvoirs, il n'y a qu'une choſe qui appartienne *eſſentiellement* & *excluſivement* au Roi. C'eſt le *pouvoir*; & ſous lui, on doit obſerver les *agents* qu'il emploie, les *conſeils* qu'il écoute, les *formes* qu'il doit ſuivre. Il ne peut jamais aliéner le pouvoir légiſlatif; il peut confier la légiſlation aux plus ſages. La juriſdiction ſuprême eſt excluſivement à lui; jamais il ne juge. On n'adminiſtre que par ſes ordres, & il n'en eſt

aucun

aucun, qui délibéré dans ses conseils, ne soit soumis à des formes qui en écartent l'arbitraire.

Art. XIV.

La législation qui est lumiere a donc été presque toujours, & peut être encore séparée du pouvoir législatif (1) qui donne à la délibération des sages, le caractere & la sanction d'une loi publique. Le Trône en France a toujours été environné d'un Conseil suprême destiné à éclairer le Monarque dans la formation des loix, & composé de membres ayant reçu de lui le pouvoir de les faire exécuter. Ce conseil fut, dès l'origine de la Monarchie, le plaid Royal composé des Évêques & des Magistrats qui y eurent séance. Telle fut l'ancienne Cour

______

(1) Cette distinction a été connue dans tous les gouvernements. A Rome le Magistrat qui proposoit la loi étoit légiflateur, mais il ne partageoit pas la puissance légisfative. Solon fut le législateur & non le Souverain d'Athénes. Les Rois ont le plus souvent confié la législation à de nombreuses Assemblées. Les Républiques ont quelquefois voulu qu'un seul homme fut chargé de cette fonction.

des Pairs de la Couronne , & qui plus ou
moins nombreuse, mais toujours raffemblée
par le Prince , toutes les fois qu'il voulut
parler en légiflateur, fut, dans tous les tems
& par la conftitution même, chargée de l'é-
clairer fur les grands intérêts de la Monarchie, & devint enfin, fous Saint Louis, le
Tribunal fuprême où furent portées en
dernier reffort les plaintes de toutes les
injuftices.

A R T. X V.

Cette Cour des Pairs de France qui fous
ce Prince fut nommée *Parlement* n'a jamais
partagé l'autorité, & les loix même qu'elle
a propofées en différents tems n'ont été
obligatoires & coactives, que lors, & parce
qu'elles font devenues la volonté du Souverain. Les Membres de cette Cour n'ont
ni pu ni dû réclamer le droit de confen-
tir à la loi comme mandataires de la Nation:
1°. Ils n'ont été ni fes Députés, ni fes Re-
préfentans. 2°. La Nation elle-même n'a
jamais eu en France le pouvoir légiflatif.
Les remontrances que le Parlement eft

obligé de faire avant l'enregiftrement des Edits, lorfque ceux-ci paroiffent injuftes ou nuifibles, ne font encore aujourd'hui que le même devoir qui obligeoit les Confeils du Prince de lui dire toute vérité, lorfqu'il venoit les confulter fur les difpofitions mêmes de la loi. Ces remontrances, & la réfiftance qu'elles annoncent, doivent avoir un terme. L'Édit enregiftré en préfence du Roi eft alors une loi revêtue de toutes fes formes, & les Magiftrats ne peuvent fe refufer à fon exécution, que dans le cas où fes difpofitions feroient manifeftement contraires à une loi qui oblige indifpenfablement le Roi lui-même.

A r t. XVI.

Le changement dans les formes de notre ancienne adminiftration, qui a été follicité par le Parlement lui-même lorfqu'il a prié le Roi de le difpenfer de vérifier les Édits burfaux, doit faire déformais ceffer toutes les occafions qui jufqu'ici ont mis l'adminiftration du Prince aux prifes avec

la fidélité des Magiſtrats (1). Ce changement n'a rien de contraire à la conſtitution,
& voici à cet égard nos anciens & vérita-
bles principes. Nos propriétés territoriales
ne ſont pas un bien plus précieux & plus
ſacré que notre liberté individuelle ; &
ſur ces deux genres de jouiſſances, la Souveraineté, en quelques mains qu'elle ſoit
remiſe, a toujours le droit de prendre un
peu pour nous en aſſurer le reſte. Pour
rendre notre liberté plus utile, le Souverain doit la diminuer en la circonſcrivant.
Pour rendre nos propriétés inviolables,

____

(1) Cette réflexion ſuffiroit pour terminer toutes nos querel-
les, ſi tout le monde étoit de bonne foi. On n'a jamais diſputé
au Roi le pouvoir legiſlatif qu'à l'occaſion des Édits burſaux
qui ne ſont point des loix. C'a été une lutte longue & pénible
entre la puiſſance qui gouverne & celle qui jouit & poſſede.
Tout débat ceſſe, lorſque le Roi dit : Cette dette des
Peuples, je m'adreſſerai à eux pour la demander, & je n'im-
poſerai jamais ſans les avoir entendus. Reſte donc à examiner
ſi l'impôt eſt une dette. Or qui en doutera ſi l'on fait attention que le Roi eſt débiteur envers nous de tout le bien qu'il
ne nous peut faire, ſi nous ne ſommes nous-mêmes débiteurs
envers lui des ſecours ſans leſquels ce bien ſeroit impoſſible.
Il n'y a donc ici qu'une vérité à ſaiſir ; ni l'impôt, ni le refus
ne doivent être arbitraires.

il eſt obligé de prendre quelque choſe ſur nos revenus. Son titre eſt le même pour l'un & pour l'autre droit , & comme il nous doit très-ſtrictement le bonheur & la ſûreté, il ne nous demande que ce qui lui eſt dû, lorſqu'il exige de nous un ſecours ſans lequel il ne pourroit nous procurer ni bonheur, ni ſûreté. Auſſi nos Rois, à toutes les époques de la Monarchie, ont eu le droit d'impoſer comme tous les autres Souverains, mais l'Édit burſal n'eſt pas pour cela une loi. Par la nature des choſes, il n'eſt que la demande d'une dette à laquelle, ſi le refus eſt injuſte, l'autorité du Roi peut contraindre ſon ſujet. Lors donc que le Parlement avant que d'enregiſtrer un pareil Édit, préſentoit au Roi les motifs de ſa réſiſtance, il ne faiſoit que ce que lui preſcrivent les Ordonnances. Avant que de condamner par défaut un ſujet ou un Corps qui ne peut ſe défendre, il doit examiner les titres & les motifs de la demande formée contre lui. Celles du fiſc ont été ſi réitérées, & depuis quelque-tems ſi exorbitantes, que le Parlement a enfin obtenu que le Roi ne condamneroit plus ses Peuples à lui payer de nouveaux secours sans les avoir entendus. Ce nouvel ordre dans l'Administration étoit juste ; ce qui ne le seroit pas, & ce qui sur-tout seroit meurtrier pour la constitution, seroit que le Roi eut perdu par là un des droits les plus essentiels de la Souveraineté, & que les peuples eussent acquis le pouvoir absolu, indéfini, & arbitraire de lui refuser les secours sans lesquels il ne peut, ni gouverner ses sujets, ni défendre l'Etat.

A R T. XVII.

Pour concilier deux maximes également certaines dans notre constitution, le droit qu'a le Souverain d'exiger, & la liberté qu'ont les Peuples de se faire entendre, le Roi assemble des États-Généraux. Il promet de plus des États particuliers à chacune de ses Provinces. Voilà donc, ce que n'ont jamais été les Magistrats, des Représentans des Peuples auxquels le Roi s'adressera désormais pour procurer à l'É-

tat les secours dont il a besoin. Les revenus ordinaires de la Souveraineté, qui doivent être durables comme les bienfaits dont
ils font le prix, fixés une fois dans une Af-
femblée générale, tout ce qui concerne
les diminutions qui peuvent être juftes, ou
les accroissements qui peuvent être néces-
faires, ne regardera plus que les États Pro-
vinciaux. Tout fera demandé par le Roi,
tout fera consenti par les Peuples ; mais
feront-ils libres de refufer irrévocablement
les secours les plus juftes, ou de mettre à
leur confentement des conditions attenta-
toires aux droits de la puissance Royale ?
Il faut bien qu'après avoir entendu la Nation, le Souverain exerce fes inaliénables
droits, & qu'il les exerce dans fa Cour.
Voilà le moment où celle-ci rentre dans
l'exercice de fes devoirs. Elle juge au nom
du Roi, ou plutôt le Roi juge au milieu
d'elle, & alors, par un Édit enregiftré dans
les formes preferites, il prononce, non en
Legiflateur, mais en Adminiftrateur fuprême & indépendant, foit d'après le vœu
des Peuples, foit contre leur injufte refus,

& sa puissance dont il ne fait usage qu'au milieu de son Conseil essentiel & légal, sera d'autant plus certaine de l'obéissance des Peuples, qu'il aura plus efficacement travaillé à faire remonter sa Cour à la hauteur de sa constitution primitive.

Art. XVIII.

Ainsi l'autorité que le Roi exerce, soit en Législateur, soit en Administrateur soit même comme armé de toutes les forces Nationales contre l'ennemi, ne sera dans aucun cas ce que l'on entend par le mot de *pouvoir exécutif*; cette expression suppose en effet une autre autorité que la sienne, savoir, celle qui lui donneroit à lui-même des règles. Placer cette autorité, soit dans la Nation, soit dans quelque Corps que ce soit, seroit un attentat contre nos loix fondamentales. Il est seul Souverain, il possède en propre la puissance, il la confie aux Magistrats, il appelle leurs lumières, il peut également appeller celles de ses peuples, car rien n'est plus raisonnable &

plus conſtitutionnel que d'ouvrir l'accès du Trône à toutes les vérités que le Prince doit connoître. Il ne changera rien à notre méchaniſme eſſentiel, lorſque ſe réſervant à lui-même, mais à lui délibérant dans ſon Conſeil légal, le dernier reſſort de tous les pouvoirs qui lui appartiennent, & ne partageant ces pouvoirs avec qui que ce ſoit, il conſultera ſur la légiſlation & ſur l'adminiſtration, tantôt les Magiſtrats, tantôt les Peuples eux-mêmes. Tel fut le droit public des tems où le Deſpotiſme féodal n'avoit encore ni démembré la puiſſance de nos Rois, ni enchaîné la liberté de leurs ſujets. Les loix ſe préparoient par la délibération des cités, & le Roi prenoit dans ſa Cour le conſeil des Magiſtrats pour leur donner ſa ſanction.

ART. XIX.

Ainſi ſuivant nos loix, le peuple n'influe ſur le Gouvernement que par ſa liberté, & le Roi ſeul y influe par ſon autorité. Cette autorité ſur la tête des Agents de la

Souveraineté est encore l'autorité royale,
qui, entre leurs mains n'est plus qu'un
dépôt dont ils ne sont comptables qu'au
Roi ; mais ils ne peuvent en être arbi-
trairement dépouillés. Le pouvoir seul ca-
ractérise le Magistrat. Il ordonne aux
peuples au nom du Prince qu'il représente ;
mais appelé à ses Conseils, il n'a que des
devoirs à remplir. Il représente alors une
autorité supérieure à celle du Roi, celle
de la justice immuable, & de l'inflexible
conscience. En cette qualité, quand il se
tromperoit, il ne doit jamais être puni.
Mais s'il s'égare, en usant du dépôt qui
lui est confié, il doit être réformé. S'il
en abuse par des prévarications, il doit
être puni, & alors nos loix veulent qu'il
soit jugé. La maxime de l'inamovibilité est
plus ancienne que Louis XI. Elle remonte
à l'origine de la Monarchie, & devint sur
la fin de la deuxieme Race un engagement
juré par le Souverain lui-même. Mais
comme on l'a observé plus haut, cette
inamovibilité n'est attachée qu'aux Offices
civils, car ce n'est qu'à la puissance qui

gouverne, & non à la force qui combat, que l'intérêt de l'État assure la stabilité.

A r t. X X.

Ce droit de créer des Offices & de les supprimer n'appartient en France qu'au Roi seul, car celui-là seul peut conférer une autorité durable, qui la possede en propre, & irrévocablement. Mais la création des Offices, comme tous les autres actes de la Souveraineté, exige la délibération des Conseils, & la solemnité d'une loi publique.

A r t. X X I.

Les mêmes caractères qui différencient l'autorité législative qui est un droit, d'avec la législation qui est un devoir, différencient également le pouvoir de jurisdiction d'avec les fonctions & les devoirs des Juges. C'est encore la puissance royale, ou sur la tête du Prince auquel elle appartient, ou sur celle du Magistrat qui n'en est que dépositaire, qui donne la sanction aux jugements des Tribunaux, & les rend exécutoires. Sans cela le jugement ne seroit

que le résultat d'une délibération, un ar-
rêté, un avis. C'est la volonté du Monarque dans sa Cour, c'est celle de son Re-
présentant dans les sièges inférieurs, qui
donne au prononcé du Tribunal le caractère coactif de la loi. Les Juges ne font
qu'attester le fait auquel elle doit s'appli-
quer ; c'est la puissance de jurisdiction qui
condamne ou absout : mais tout cela suppose des formes, une marche, une in-
struction dont le Législateur suprême a
fixé le plan, & réglé tous les actes par ses
ordonnances. Il doit des Juges à tous ses
sujets, car il leur doit la justice.

A r t. XXII.

Il résulte de tout ce qui vient d'être dit
que notre constitution Monarchique fran-
çoise suppose essentiellement ; 1°. UN ROI ;
Qui SEUL, par son pouvoir législatif, ga-
rantit à tous ses sujets leur vie, leur état,
leur liberté, leurs propriétés ;

Qui SEUL, par son pouvoir de jurisdiction répare, réforme, & punit toutes les
injustices dont tous ses sujets ont un droit
égal de se plaindre à lui ;

Qui seul, par sa puissance d'Administra-tion, non seulement a le droit, mais est même obligé d'ajouter en faveur de ses sujets aux bienfaits dont la nature combla tous les hommes, toutes les jouissances que doit leur procurer la société civile.

2°. Des Agents intermédiaires ayant provisions ou mission du Souverain, & exerçant soit en son nom, soit en leur propre nom comme Magistrats, un pouvoir que lui seul leur confie, dont les loix ont réglé l'usage, dont ils lui ont fait serment de ne jamais abuser, & de l'exercice duquel ils ne doivent compte qu'à lui. Ainsi sont partagées, soit par des Offices destinés à acquitter une dette perpétuelle & toujours renaissante, soit par des commissions & des ordres qui n'ont pour objet qu'une mission passagère, les fonctions de ces mandataires du Souverain, qui en obéissant aux loix sont censés n'être que les exécuteurs de ses volontés.

3°. Un Corps de Loix qui limitant les pouvoirs, & réglant les devoirs de tous les Agents de la Souveraineté, & mettant en sûreté tous les droits des sujets, ne permettent aucun arbitraire, ni à la puissance qui gouverne, ni à la liberté qui doit être contenue, & pour assurer, sous l'autorité du Roi, l'exécution uniforme de ces loix, UN CORPS DE MAGISTRATURE chargé d'en conserver la tradition & de l'avertir des infractions qu'elles peuvent recevoir.

4°. A la tête même de cette Magistrature, UN CONSEIL ESSENTIEL DE LA MONARCHIE composé, & de l'auguste Famille dont le Trône est l'héritage, & des Pairs de France chargés par nos loix, & obligés par leur serment de le défendre, de le conserver, & de conseiller DANS SES HAUTES ET IMPORTANTES affaires le Monarque qui y est assis.

Tels sont les ressorts essentiels de notre constitution Monarchique, telle est la partie de la Nation qui influe sur le gouvernement par l'exercice du pouvoir, ou par la lumière des conseils.

Au dessous d'eux, notre constitution suppose dans la partie qui n'y influe que par sa liberté & ses services, TROIS ORDRES, qui avec le Roi, forment l'universalité de la Nation, LE CLERGÉ, LA NOBLESSE & LE TIERS-ÉTAT, tous composés de sujets

égaux, comme citoyens, égaux par l'engagement de secourir la patrie, égaux par
l'intérêt de la servir chacun à sa manière,
différents par le rang, par les titres, par
l'éclat ou l'obscurité des noms dont heureu-
sement aucun n'est vil aujourd'hui, mais
dont plusieurs rappellent la gloire des plus
illustres maisons, enfin par des engage-
ments particuliers qui distinguent leurs
fonctions & leurs services. Dans cette innombrable multitude de sujets du Roi, les
uns, par la naissance qui les approche du
Trône, ont toujours eu, & ont encore des
motifs particuliers d'en maintenir la splen-
deur & d'en soutenir les droits; les autres
faisant réellement la force & la richesse de
la Nation, & pour cela même principalement intéressés à en soutenir la liberté, à y
entretenir l'abondance, n'ont jamais aspiré
au pouvoir qui protége les jouissances, mais
aux progrès des connoissances & des arts
qui les améliorent. Voilà les trois classes
de cette innombrable Famille à laquelle le
Monarque doit procurer par nos loix, dé-
fense, protection & justice, de cette Famille; en un mot, qui ne perdit jamais le

bonheur & la liberté, que lorſque nos Rois ſe laiſſerent enlever leur puiſſance.

En me déclarant très-ſolemnellement le rédacteur du CREDO que l'on vient de lire, & auquel je crois que tout bon François doit être auſſi ſincérement attaché que tout Chrétien l'eſt aux ſymboles de notre Foi, ſans néanmoins vouloir ni comparer, ni aſſi-miler les baſes de ces deux genres de croyance, je me fais un devoir d'apprendre à tous les Députés qui compoſent aujourd'hui l'auguſte Aſſemblée des États-Généraux qu'un ouvrage connu ſous le titre *de Devoirs du Prince réduits au même principe,* & compoſé autrefois d'après le plan & par les ordres de feu Mgr. le Dauphin, renferme toute la théorie de notre gouvernement & de nos loix : ce livre traduit & même loué par des auteurs républiquains fut autrefois imprimé à Verſailles par ordre du Roi. Il a été depuis réimprimé à mes frais chez Didot le jeune, & il m'en reſte encore pluſieurs exem-plaires. Le plus digne emploi que je puiſſe en faire eſt de les offrir très-gratuitement à tous ceux de Meſſieurs les Députés qui déſireroient de connoître, quelle étoit, lorſque le Roi eſt monté ſur le Trône, la doctrine uniforme & univerſelle de toute la France.

MOREAU, *Hiſtoriographe de France.*
A Villedavray ce 24 Mai 1789.

www.ingramcontent.com/pod-product-compliance
Lightning Source LLC
Chambersburg PA
CBHW051342050726

47595CB00006B/2368